Laroum

**Architecture trois tiers et technologie JEE**

Ibrahim Zarouni

# Architecture trois tiers et technologie JEE

## module d'authentification mobile et mise en place d'un système de détection et de géolocalisation de logiciels illégaux

Presses Académiques Francophones

**Impressum / Mentions légales**

Bibliografische Information der Deutschen Nationalbibliothek: Die Deutsche Nationalbibliothek verzeichnet diese Publikation in der Deutschen Nationalbibliografie; detaillierte bibliografische Daten sind im Internet über http://dnb.d-nb.de abrufbar.
Alle in diesem Buch genannten Marken und Produktnamen unterliegen warenzeichen-, marken- oder patentrechtlichem Schutz bzw. sind Warenzeichen oder eingetragene Warenzeichen der jeweiligen Inhaber. Die Wiedergabe von Marken, Produktnamen, Gebrauchsnamen, Handelsnamen, Warenbezeichnungen u.s.w. in diesem Werk berechtigt auch ohne besondere Kennzeichnung nicht zu der Annahme, dass solche Namen im Sinne der Warenzeichen- und Markenschutzgesetzgebung als frei zu betrachten wären und daher von jedermann benutzt werden dürften.

Information bibliographique publiée par la Deutsche Nationalbibliothek: La Deutsche Nationalbibliothek inscrit cette publication à la Deutsche Nationalbibliografie; des données bibliographiques détaillées sont disponibles sur internet à l'adresse http://dnb.d-nb.de.
Toutes marques et noms de produits mentionnés dans ce livre demeurent sous la protection des marques, des marques déposées et des brevets, et sont des marques ou des marques déposées de leurs détenteurs respectifs. L'utilisation des marques, noms de produits, noms communs, noms commerciaux, descriptions de produits, etc, même sans qu'ils soient mentionnés de façon particulière dans ce livre ne signifie en aucune façon que ces noms peuvent être utilisés sans restriction à l'égard de la législation pour la protection des marques et des marques déposées et pourraient donc être utilisés par quiconque.

Coverbild / Photo de couverture: www.ingimage.com

Verlag / Editeur:
Presses Académiques Francophones
ist ein Imprint der / est une marque déposée de
OmniScriptum GmbH & Co. KG
Heinrich-Böcking-Str. 6-8, 66121 Saarbrücken, Deutschland / Allemagne
Email: info@presses-academiques.com

Herstellung: siehe letzte Seite /
Impression: voir la dernière page
**ISBN: 978-3-8416-2897-8**

**Ibrahim Zarouni**

# Architecture trois tiers et technologie JEE

Étude de cas : Application web de gestion avec authentification mobile et mise en place d'un système de détection, traçabilité et géolocalisation de logiciels illégaux

Framework Spring – Struts MVC – Ibatis - Swing

# TABLE DES MATIÈRES

# INTRODUCTION

Dans le cadre de mes études, je suis amené, en tant qu'étudiant ingénieur en Génie informatique à l'université de sciences et techniques, à réaliser un projet de fin d'année me permettant de réunir mes savoirs faire acquis afin de réaliser un travail cohérent et correct.

Dans ce livre en guise d'introduction, je présenterai le contexte de mon étude de cas réalisé au sein de l'entreprise Green Flag, je présenterai les projets et les équipes de développement de l'entreprise. Le premier chapitre sera aussi prétexte à une justification des technologies JEE au regard de technologie plus anciennes ensuite un rappel de cahier de charge puis je présente l'architecture du projet réalisé.

Ce livre ne traite pas les détails fonctionnelles, le code sera livré sous forme de ficher war comme est défini dans le cahier de charge. Le travail présenté dans ce livre porte sur le domaine du développement Java/JEE, Servlet/JSP Struts , Spring , Ibatis et développement réseaux Socket .

# CHAPITRE 1: CONTEXTE DU PROJET

## 1.1 PRÉSENTATION DE LA SOCIÉTÉ

### 1.1.1 Création de la société

Green Flag est une entreprise spécialisée dans la conception et le développement des logiciels de gestion informatique clés en main pour des clients importants et solutions informatique pour les entreprises , elle doit dorénavant opérer un tournant clé de son histoire et fournir des solutions techniquement un peu plus complexe. D'ailleurs, sa soif pour l'Excellence et sa motivation constante de le devenir aux yeux de ses clients pousse Green Flag à parfaire ses performances pour ce faire, au point d'étendre sa volonté d'extension sur les plus grandes villes du Maroc, notamment Meknès, Fès, Rabat, kenitra, Oujda, Casablanca. Cette présence de grande envergure est due à la notoriété, d'être toujours leader dans la création de logiciels et de site web.

### 1.1.2 Fiche technique

| | |
|---|---|
| Raison sociale | Green Flag Integration |
| Date de création | 2008 |
| Siège Social | Meknes |
| Directeur de la société | El mebarki zouhir |
| Identifiant fiscal | 041054 |
| Secteur d'activité | Solutions Informatique et développement logiciel. |
| Forme juridique | Société à responsabilité limitée (S.A.R.L) |
| N° d'affiliation à la CNSS | 6197538 |
| La patente | 1711156 |
| Registre de commerce (R.C) | 21331 |
| Téléphone | 0655487206 |
| Fax | 0553821331 |

### 1.1.3 Organigramme de la société

La société Green Flag Integration dispose d'un organigramme qui montre sa structure générale ainsi que l'organisation de ses service, elle est articulée autour d'une direction générale et deux services principaux qui veillent au déroulement normal des diverses activités sous l'autorité du directeur.

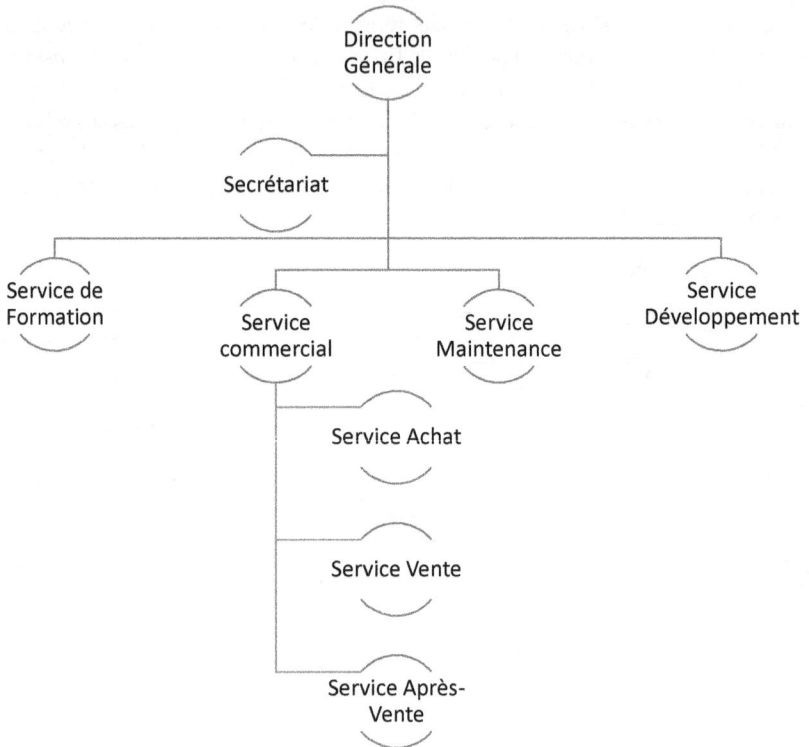

```
                        ┌──────────────┐
                        │  Direction   │
                        │  Générale    │
                        └──────┬───────┘
         ┌──────────────┐      │
         │ Secrétariat  │      │
         └──────────────┘      │
   ┌──────────┬───────────┬────┴──────┬──────────────┐
┌──────────┐ ┌──────────┐ ┌──────────┐ ┌──────────────┐
│Service de│ │ Service  │ │ Service  │ │   Service    │
│Formation │ │commercial│ │Maintenance│ │Développement │
└──────────┘ └────┬─────┘ └──────────┘ └──────────────┘
                  ├──────┌──────────────┐
                  │      │Service Achat │
                  │      └──────────────┘
                  ├──────┌──────────────┐
                  │      │Service Vente │
                  │      └──────────────┘
                  └──────┌──────────────┐
                         │Service Après-│
                         │    Vente     │
                         └──────────────┘
```

6

### 1.1.4 Services de la société

#### 1.1.4.1 Activités de la société

La société s'occupe de tout ce qui concerne l'informatique.

Le commerce :

- ✓ Vente de solutions informatiques ;
- ✓ logiciels informatiques de gestion et site web.

Maintenance :

- ✓ Assemblage d'ordinateurs, réparation de matériels informatiques ;
- ✓ Installation de logiciels.

#### 1.1.4.2 Le directeur

Le directeur est chargé de superviser les activités des deux services d'une façon directe ou au moyen des comptes rendus par les chefs de service quotidiennement. C'est à lui que revient la gérance de la société, la coordination entre les services et la prise de décision.

Le directeur est donc l'organe de la société qui :

- ✓ Assure la gestion de la société ;
- ✓ Fait le suivi des chefs de service et les alimente par ses conseils ;
- ✓ Coordonne entre les services de la société.

#### 1.1.4.3 Secrétariat

Cette entité est le lien entre la direction et les services. Elle anime et coordonne les travaux de tous les services de la société et diffuse tous les ordres du directeur. C'est une entité à laquelle le reste de la société fait appel pour établir ou reproduire les documents qui matérialisent l'activité de tous les ordres. Exemple : établissement des devis, des bons de livraison, des factures…etc.

Ainsi, dans l'exercice de ses activités le secrétariat est appelé à s'occuper des missions suivantes :

- ✓ Accueillir les communications téléphoniques ;
- ✓ Passer les appels téléphoniques ;
- ✓ L'accueil des clients ;

✓ Transmettre les messages aux services ;
✓ Assurer la gestion de la caisse ;
✓ Procéder à la saisie des différentes fiches: Fiche client, Fiche technique, Fiche formation, etc...
✓ Organiser le travail de la société: classement des documents, organisation des rendez-vous, etc...

### 1.1.4.4 Service de vente

L'importance de ce service réside dans le fait qu'il s'occupe de toutes les transactions commerciales principales qui sont l'achat et la vente des solutions et accessoires informatiques

Ce service intègre aussi le service après-vente, qui a pour rôle de :

✓ S'assurer de la conformité des produits livrés à la commande ;
✓ Tenir et respecter les délais ;
✓ Suivre le recouvrement des créances ;
✓ Résoudre les problèmes de logiciels et/ou site web des produits vendus ;
✓ Assurer les services après-vente.

### 1.1.4.5 Service de maintenance

Ce service s'occupe de la maintenance des matériels informatiques provenant des sociétés et services publics ou privés ou bien de la part des particuliers. Ce service est spécialisé dans la recherche des solutions optimales pour le matériel informatique en cas de panne.

Voici un bilan de ses principales activités :

✓ *Maintenance et configuration soft et hard :* Les personnes de ce service sont à l'écoute permanente des clients, et se tiennent prêts pour intervenir lorsqu'ils sont sollicités sur des cas de pannes Soft ou Hard tels que l'installation de matériaux ou de logiciels sur les micro-ordinateurs.
✓ *Assemblage des ordinateurs:* Montages de matériels, selon la commande des clients.

### 1.1.4.6 Service de développement

Ce service a pour mission de répondre aux besoins du marché national (PME,PMI...) dans le domaine informatique(logiciels, site web...) et à suivre l'évolution et le développement prodigieux que connait cette discipline.

Ce service est capable d'assurer les fonctions suivantes:

- ✓ Etude de projets d'informatisation ;
- ✓ Développement de logiciels d'application ;
- ✓ Développement des sites web.

### 1.1.5 L'entreprise et son environnement

L'environnement est le monde extérieur qui a une interaction avec l'entreprise d'une manière économique et socioculturelle. Il peut être défini aussi par les composants suivants :

- ✓ Fournisseurs
- ✓ Clients
- ✓ Concurrents

### 1.1.5.1 Les moyens humains

La main d'œuvre employée dans la société Green Flag Integration est répartie selon les tâches comme suit:

- ✓ Directeur Secrétaire
- ✓ Un technicien
- ✓ Une équipe de développement

## 1.2 Présentation du projet

### 1.2.1 Problématique

L'entreprise Green Flag Integration se prépare à faire un véritable saut technologique en abandonnant les compétences maintenant obsolètes qui avaient fait sa renommée :

- ✓ HTML ;
- ✓ Scripts JavaScript;
- ✓ Scripts CGI, peu réutilisables et peu sûrs.

HTML et JavaScript ne sont pas obsolètes dans le sens où toutes les pages web du monde sont codées en HTML et souvent enrichies par des scripts JavaScript, mais ces seules technologies ne peuvent plus répondre aux besoins des applications d'aujourd'hui. C'est pourquoi,via des technologies comme les JSP/s ervlets ou les ASP dans le monde Microsoft, les pages HTML sont bien plus souvent dynamiques (produites dynamiquement par des programmes) que statiques (réalisées directement avec un editeur de texte ou un outil dédié,comme Dreamweaver ou Quanta+).

L'exploitation de formulaire et l'envoi de courriers électroniques font partie de ces tâches autrefois réservées aux scripts CGI (codés en C ou en Perl par exemple) mais qui, pour des raisons de montée en charges, de réutilisation et aussi de sécurité, font maintenant les beaux jours des JSP/servlets, En fait , JEE apporte aux entreprise les avantages liés à toutes technologie objet par rapport à des langage procéduraux comme le C, tels que la réutilisation et la facilité de maintenance. De plus, de par sa conception, JAVA est un langage sûr et portable. Ceci résout un des problèmes liés à l'utilisation des CGI: les failles de sécurité (par exemple les 'buffer over flow', résultats d'une mauvaise conception, qui permettent à des programmeurs rusés d'introduire et de lancer du code indésirable sur le serveur).

Cependant, avant de migrer toutes ses équipes de développement vers J2EE, Green Flag Integration veut utiliser ces technologies sur un projet pilote (ce type de projet fait partie de l'arsenal des managers qui doivent faire face à un changement radical de technologie...) afin d'en retirer une expérience capitalisable pour son futur.

10

### 1.2.2 Solution proposée

Ce type de projet est dénommé projet pilote dans de nombreuses entreprises. Il fait partie de l'arsenal des managers qui doivent faire face à un changement radical de technologie.

La solution proposée doit être l'occasion de mettre en œuvre pour la première fois les technologies JEE (JSP/servlets, Spring, Struts MVC...) et d'adopter une approche méthodologique fortement teintée par les principes majeurs de la programmation avancée (Flux, Threads) aussi la programmation réseaux (Socket, Applet, RMI...).

### 1.2.3 Cahier des charges

#### *1.2.3.1 Présentation du projet*

Il s'agit d'un projet JEE : Application web de gestion avec authentification mobile et mise en place d'un système de détection, traçabilité et géolocalisation de logiciels illégaux. L'application web devra permettre d'interagir son téléphone mobile avec le module Front-office, plus précisément on pourra activer son compte via son téléphone portable en s'inscrivant sur le site web et cela par un simple message sms.

D'un point de vue général, l'objectif du site :

- ✓ Faire connaître l'entreprise ;
- ✓ Vendre les produits(solution informatique/logiciels...) sur internet ;
- ✓ Offrir la possibilité de tester en ligne les produits et logiciels ;
- ✓ Télécharger des versions d'évaluations des produits et logiciels ;
- ✓ Donner aux clients des conseils sur les produits et services ;
- ✓ Possibilité d'interagir avec le site web par téléphone mobile;

D'un point de vue général, l'objectif du système :

- ✓ Se connecter au réseau et communiquer avec les produits et logiciels de la société ;
- ✓ Détecter les versions de logiciels piratées,
- ✓ Géo-localiser les applications illégales ;
- ✓ Bloquer définitivement ces versions de logiciels illégaux ;

11

### 1.2.3.1.1 Rôles

Répartition des rôles entre l'entreprise et l'équipe de développement.

Rôle de l'entreprise :

- ✓ Valider les phases de choix (graphisme, ergonomie, contenus) ;
- ✓ Valider le respect du cahier des charges ;
- ✓ Fournir les contenus de base (textes, plaquettes, logos, images, photos).

Rôle de l'équipe de développement :

- ✓ Conception et réalisation le site internet ;
- ✓ Conception et réalisation l'application web (Back Office, partie administration)
- ✓ Conception et réalisation du système de détection des versions piratées ;
- ✓ Proposer un planning de réalisation en accord avec l'entreprise.

### 1.2.3.1.2 Objectifs du projet

Les principales orientations du projet :

- ▪ site de vente,
- ▪ site d'information,
- ▪ support de communication,
- ▪ support de fidélisation,

Les principaux résultats attendus :

- ✓ Atteindre le chiffre d'affaire souhaité avec ce nouveau site de vente ;
- ✓ Nombre de nouveaux prospects ;
- ✓ Améliorer l'image de l'entreprise.

### 1.2.3.1.3 Contenus

Documents à fournir par l'entreprise pour la création du site(image, photos, textes, élément à scanner) Formats des document (formats informatiques des images, textes, photos...) et formats physique (diapositives, textes papier...), les volumes ne sont pas mentionner :

- ✓ Tailles des bases de données et des fichiers informatiques.

✓ Conception des bases de données et rédaction des fichiers informatiques par l'équipe de développement

Extrait de l'arborescence pour montrer l'architecture du site web telle que l'entreprise l'imagine. Celle-ci sera présentée sous forme schématique avec les rubriques principales, les sous-rubriques et les liens qui les unissent.

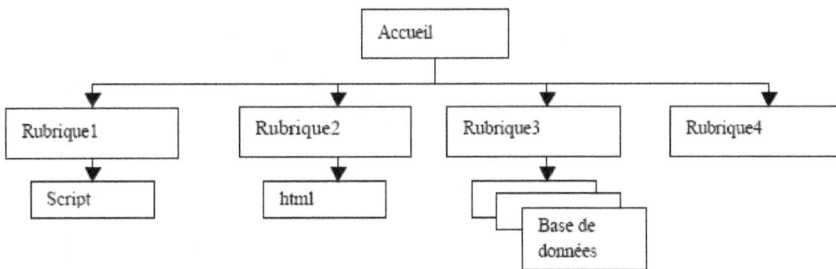

## *1.2.3.2 Prestations attendues*

1.2.3.2.1 Charte graphique et charte éditoriale

Demande à l'équipe de développement:

✓ Recherche graphique et iconographique ;
✓ Recherche d'un système de navigation (schéma des différentes navigations possibles dans le site) ;
✓ Propositions de mise en page et de charte éditoriale.

1.2.3.2.2 Création et récupération du contenus

Demande à l'équipe de développement :

✓ Adapter à une présentation web les contenus fournis ;
✓ Numériser les données qui sont nécessaires ;
✓ Créer les éléments graphiques (fond de page, boutons, icônes).

### 1.2.3.2.3 Développement

Les différents modules de l'application web, font appel à la programmation et à des bases de données.

- ✓ Moteur de recherche interne;
- ✓ Formulaire de collecte d'information,
- ✓ Boutique électronique ;
- ✓ Sondage ;
- ✓ Gestion automatique d'actualités ;
- ✓ Back office pour mettre à jour le site web…

Lors de chaque phase l'équipe de développement devra fournir une documentation technique commentée des codes informatiques réalisés.

### 1.2.3.2.4 Maquette du site web

Le but de la maquette est de vérifier que le site est conforme aux objectifs. Elle permet également de valider la navigation dans le site. Elle doit être réalisée avec des liens statiques en HTML pour simuler l'affichage de tous les types de contenus.

### *1.2.3.3 Livrables attendues*

Les pièces à livrer par le stagiaire internet pendant et après la réalisation du site sont les suivantes :

- ✓ Arborescence détaillée du site, fichiers informatiques (pages HTML, graphismes, bases de données, programmes) ;
- ✓ Documents décrivant le site, son fonctionnement et son hébergement,
- ✓ Version du code HTML utilisée ;
- ✓ Version des navigateurs compatibles.

Tous ces livrables devront être fournis sur CD-ROM.

### 1.2.3.4 Propriétés et droits

L'entreprise dispose de la propriété de l'ensemble des images, graphismes, icône et autres contenus créés pour le site. Le stagiaire dispose de la propriété de l'ensemble des sources, codes, conception et tous les autres contenus créés pour le site.

# CHAPITRE 2: CONCEPTION ET MODELISATION

## 2.1 LES OUTILS DE MODELISATION UTILISES

### 2.1.1 Modélisation Merise

L'analyse des données constitue le point de passage obligé de toute conception d'application mettant en œuvre un SGBDR (système de gestion de base de données relationnelle). La méthode MERISE, basée sur le modèle entité-association, est un outil simple et efficace, très répandue chez les développeurs français. La plupart des bases de données micro pour PC (dBase, Paradox, Foxpro, Access...) sont imprégnées de cette technique pour montrer les relations entre les tables au sein d'une base. Il existe une centaine d'outils de modélisation, on se basant sur l'Open Source et la performance le choix est tombé sur AnalyseSI dans sa version 0.5.3.

Pourquoi AnalyseSI :

Développé en Java cet outil permettant la modélisation Merise est utilisable aussi bien sous Linux que sous Windows. AnalyseSI est une puissante solution de Modélisation des Systèmes d'Informations.

### 2.1.2 Modélisation UML

Beaucoup d'outils prétendent être compatibles complètement avec UML 2.0, en réalité c'est une exigence complexe et certains outils peuvent ne pas être à la hauteur de leurs prétentions publicitaires de compatibilité totale. Au minimum, les diagrammes qui doivent être supportés sont les diagrammes de Cas d'Usage, de Classe, de Collabo ration, de Séquence, de Paquet et d'état. L'outil de modélisation doit fournir des listes de sélection dans plusieurs interfaces clés : Collaboration et Diagrammes de Séquence : L'outil doit permettre à un objet d'être assigné à une classe à partir d'une liste des classes dans le modèle. Il doit permettre que les messages envoyés entre objets soient choisis dans une liste valide de méthodes pour l'objet (classe) qui reçoit le message. Diagramme d e classe : L'outil doit autoriser l'importation de classes à partir d'autres paquets ou modèles basés sur la sélection de classe qui se trouve dans une liste de classes dans le paquet. La fonction liste de sélection contribue considérablement à l'intuition de l'outil de modélisation et pourrait être considérée comme une fonction essentielle. Le développement de diagrammes de séquence et de collaboration est facilité par la capacité de sélectionner le message rapidement quand vous voulez l'envoyer d'un

16

objet à un autre. D'où le choix de l'AGL Free/Open Source : Umbrello UML Modeller

## 2.2 LES REGLES DE GESTION *(EXTRAIT)*

Client/Compte :

- La société Green Flag assure à ces clients plusieurs modules (test en ligne, version d'évaluation...) ;
- Il existe plusieurs statut de client (PME, PMI, associations et particuliers) ;
- Un client /représentant possède un e et une seul civilité ;
- Un client peut s'inscrire une et une seul fois ;
- Un client peut effectuer une à plusieurs demande ;
- Un client peut choisir de recevoir les informations par email et/ou sms ;
- Un client possède un et un seul code d'activation unique ;
- Un client peut activer son compte par e-mail ou par sms ;

Produits/Solution informatique :

- Un produit possède une catégorie, une version ...
- Pour télécharger ou tester un produit une authentification s'impose ;
- Pour s'authentifier on doit posséder un compte ;
- Un produit peut être téléchargé (version d'évaluation), tester en ligne ;
- Un produit possède une et une seul licence ;
- Un produit peut être enregistré (version complète) par une clé unique ;

Newsletter:

- Une newsletter peut être demandé par sms/inscription sur le site ;
- Une newsletter est envoyée une et une seul fois au même demandeur ;
- Une newsletter peut avoir comme destination un e-mail et/ou mobile.

## 2.3 DICTIONNAIRE DE DONNEES (*EXTRAIT*)

| Nom | ID | Type | Taille |
|---|---|---|---|
| idCivilite | idcivilite | uniqueidentifier | 0 |
| civilAbreg | civilabreg | varchar | 5 |
| civilCompl | civilcompl | varchar | 15 |
| libelleCivilite | libellecivilite | varchar | 20 |
| idPays | idpays | uniqueidentifier | 0 |
| nomPays | nompays | varchar | 15 |
| idProfession | idprofession | uniqueidentifier | 0 |
| libelleProfession | libelleprofession | varchar | 40 |
| descProfession | descprofession | varchar | 30 |
| abregProfession | abregprofession | varchar | 20 |
| idUsage | idusage | uniqueidentifier | 0 |
| libelleUsage | libelleusage | varchar | 20 |
| descUsage | descusage | varchar | 40 |
| idCompte | idcompte | uniqueidentifier | 0 |
| email | email | varchar | 30 |
| login | login | varchar | 20 |
| password | password | varchar | 25 |
| age | age | int | 0 |
| codePostal | codepostal | int | 0 |
| telephone | telephone | varchar | 15 |
| acceptNews | acceptnews | tinyint | 0 |
| acceptSms | acceptsms | tinyint | 0 |
| achatInternet | achatinternet | tinyint | 0 |
| dateCreation | datecreation | datetime | 0 |
| active | active | tinyint | 0 |
| dateActivation | dateactivation | datetime | 0 |
| codeActivation | codeactivation | varchar | 20 |
| idNewsletter | idnewsletter | uniqueidentifier | 0 |
| dateNewsLetter | datenewsletter | datetime | 0 |
| sujetNewsletter | sujetnewsletter | varchar | 30 |
| messageNewsletter | messagenewsletter | varchar | 1000 |
| idParticipant | idparticipant | uniqueidentifier | 0 |
| emailParticipant | emailparticipant | varchar | 30 |
| telParticipant | telparticipant | varchar | 15 |
| dateParticipe | dateparticipe | datetime | 0 |
| idTypePartiNews | idtypepartinews | uniqueidentifier | 0 |
| libelleTypePartiNews | libelletypepartinews | varchar | 20 |
| descTypePartiNews | desctypepartinews | varchar | 50 |

## 2.4 CONCEPTION DES DONNEES

### 2.4.1  Le model conceptuel de données (MCD)

**Société**
refSociete
nomSociete
adresseSociete
cpSociete
villeSociete
telSociete
FaxSociete
emailSociete

**Newsletter**
idNewsletter
dateNewsLetter
sujetNewsletter
messageNewsletter

**type_participe_news**
idTypePartiNews
libelleTypePartiNews
descTypePartiNews

destiné à — 1, N

établi par — 1, N

**Demande**
idDemande
nom
société
telDemande
objet
dateDemande
messageDemande
pays

est demandé par — 0, 1 / 1, N

**Participant**
idParticipant
emailParticipant
telParticipant
dateParticipe

1, 1

1, N

**Operation**
idOperation
libelleOperation
descOperation

1, N

**Pays**
idPays
nomPays

**Usage**
idUsage
libelleUsage
descUsage

**Profession**
idProfession
libelleProfession
descProfession
abregProfession

possède un — 1, N

posseder — 1, 1

disposer — 1, N

**Compte**
idCompte
email
login
password
age
codePostal
telephone
acceptNews
acceptSms
achatInternet
dateCreation
active
dateActivation
codeActivation

operationProduit
lienOperation

**Categorie**
idCategorie
libelleCategorie
descCategorie

**typeLicence**
idTypeLicence
libelleTypeLicence
descTypeLibelle

**Status**
idStatus
libelleStatus
descStatus

**Civilite**
idCivilite
civilAbreg
civilCompl
libelleCivilite

possède une — 1, N

telecharger
dateTelecharge
ipTelecharger

0, N

1, 1

1, N

posséde — 1, N

avoir

contient un — 1, 1

**Produit**
refProduit
designationProduit
descriptionProduit
dateMiseAJour
versionProduit
prixProduit

fait l'objet d'un — 1, 1

**Historique**
id-Historique
dateDetection
adresseMac
adresseIp

19

# 2.4.2  Le modèle logique de donnée (MLD)

**societe**
- refsociete
- nomsociete
- adressesociete
- cpsociete
- villesociete
- telsociete
- faxsociete
- emailsociete
- iddemande

**newsletter**
- idnewsletter
- datenewsletter
- sujetnewsletter
- messagenewsletter
- idparticipant

**type_participe_news**
- idtypepartinews
- libelletypepartinews
- desctypepartinews

**demande**
- iddemande
- nom
- societe
- teldemande
- objet
- datedemande
- messagedemande
- pays

**participant**
- idparticipant
- emailparticipant
- telparticipant
- dateparticipe
- idtypepartinews

**operation**
- idoperation
- libelleoperation
- descoperation

**pays**
- idpays
- nompays

**usage**
- idusage
- libelleusage
- descusage

**profession**
- idprofession
- libelleprofession
- descprofession
- abregprofession

**compte**
- idcompte
- email
- login
- password
- age
- codepostal
- telephone
- acceptnews
- acceptsms
- achatinternet
- datecreation
- active
- dateactivation
- codeactivation
- idprofession
- idusage
- idpays
- idcivilite

**operationproduit**
- idoperation
- refproduit
- lienoperation

**categorie**
- idcategorie
- libellecategorie
- desccategorie

**typelicence**
- idtypelicence
- libelletypelicence
- desctypelibelle

**status**
- idstatus
- libellestatus
- descstatus

**civilite**
- idcivilite
- civilabreg
- civilcompl
- libellecivilite

**telecharger**
- idcompte
- refproduit
- datetelecharge
- iptelecharger

**produit**
- refproduit
- designationproduit
- descriptionproduit
- datemiseajour
- versionproduit
- prixproduit
- idcategorie
- idtypelicence

**historique**
- idhistorique
- datedetection
- adressemac
- adresseip
- idstatus
- refproduit

## 2.5.1 Diagrammes des cas d'utilisation

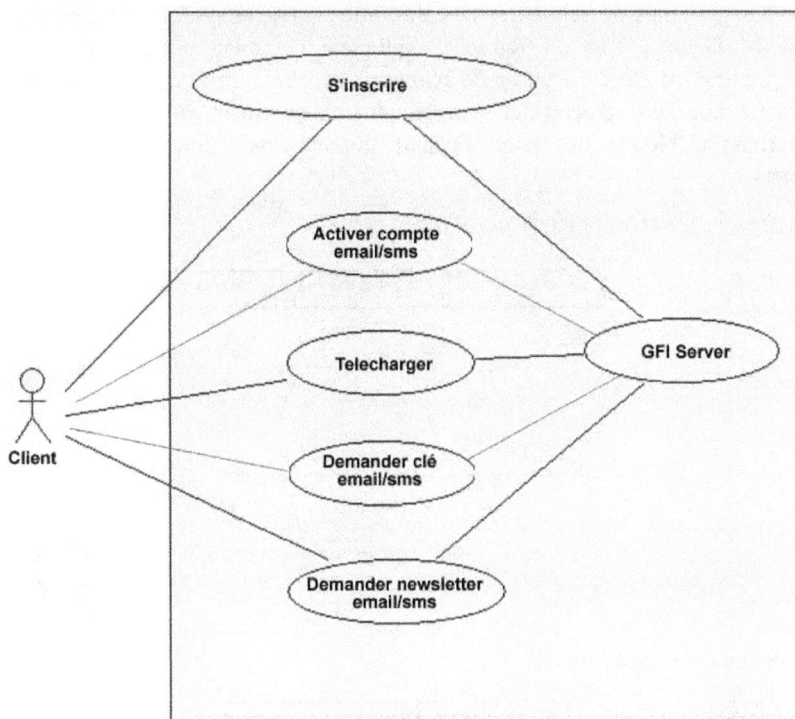

**Use case diagram**

Ce diagramme résume les fonctionnalités générales d'un client, chaque cas d'utilisation peut être décrite après plus en détail, mais dans ce diagramme je me suis concentré sur la vision globale du client sans détaille r chaque cas d'utilisation pour plus de précision sur la fonctionnalité voir les diagrammes UML ci-dessous.

## 2.5.2 Diagrammes de séquences

### 2.5.2.1 Les Flux

Diagrammes de séquences des flux utilisés par le système de détection de versions illégales. Ces diagrammes expliquent comment notre système prend l'information en entrée à partir de n'importe qu'elle source de données capable d'émettre une suite d'octets et symétriquement, comment envoyer en sortie de l'information (bloquer la version illégale) vers une destination acceptant une suite d'octets.

Ecriture de caractères unicode :

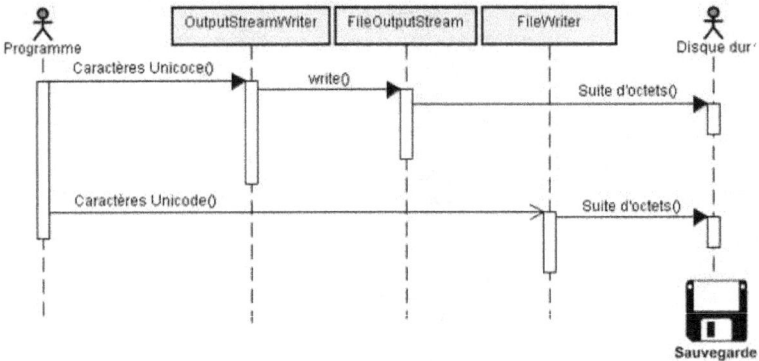

Lecture en caractères unicode :

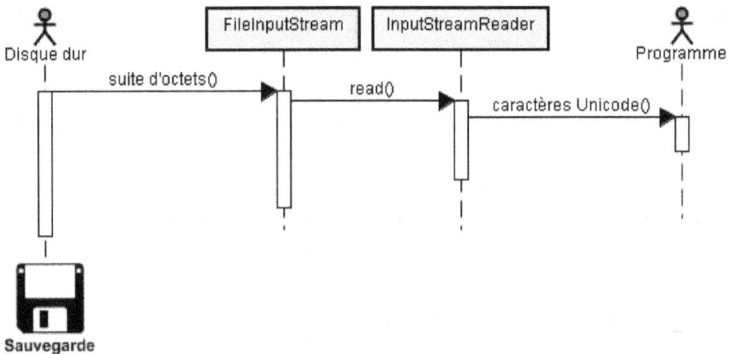

22

Ecriture d'objet :

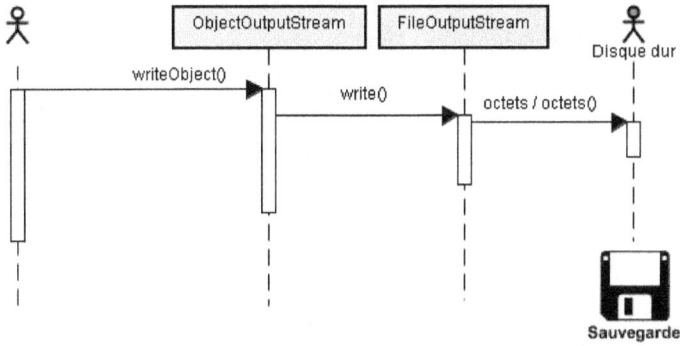

Lecture d'objet :

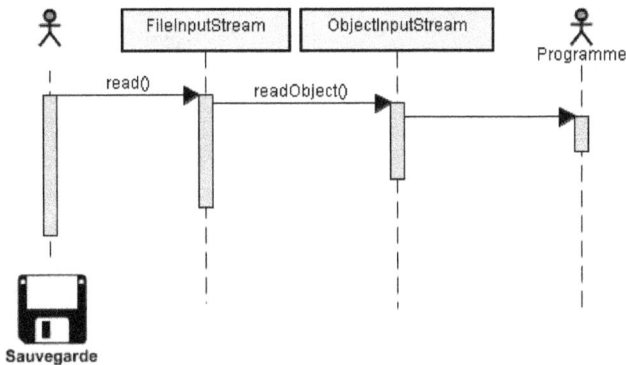

## 2.5.2.2 Les Threads

Diagrammes de séquences des threads utilisés par le système de détection (supervision). Les programmes utilisant plusieurs threads développent l'idée du multitâche en l'implémentant à un niveau plus bas : des programmes individuels peuvent effectuer plusieurs tâches en même temps. Chaque tâche est traditionnellement appelée un thread. Les programmes qui peuvent exécuter plusieurs threads en même temps sont appelés des programmes à multithreads, notre site web ainsi que notre système utilisent ce mécanisme.

Utilisation de threads synchronisés et non synchronisés :

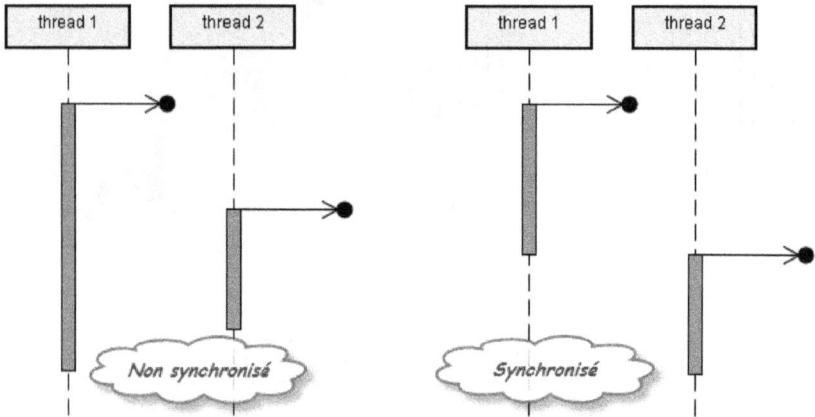

### 2.5.2.3 Les Sockets

Diagrammes de séquences des sockets utilisés par le système de détection (supervision). Le programme du serveur fonctionne en permanence sur la ma chine distante, attendant un paquet du réseau qui essaierait de communiquer avec le port 1234. Lorsque le système d'exploitation de l'ordinateur distant reçoit le paquet contenant une requête de connexion sur le port 1234, le processus d'écoute du serveur est activé et la connexion est établie. Cette connexion demeure 30 jusqu'à ce qu'elle soit arrêtée par l'une des deux parties.

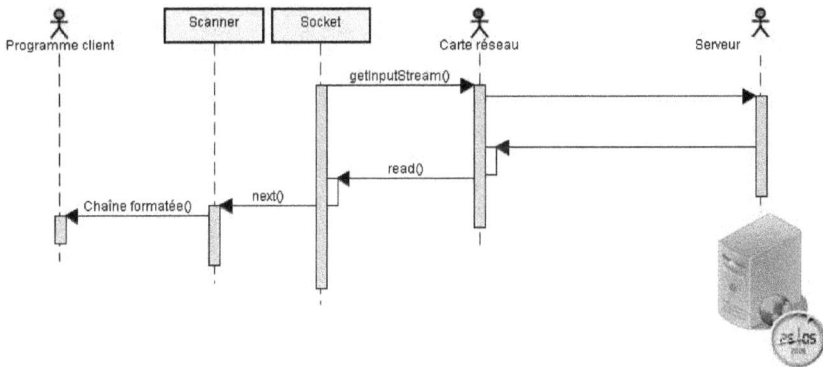

### 2.5.3 Diagrammes de déployement

Un client Java EE peut être une application console (texte seulement) écrite en Java, ou une application dotée d'une interface graphique développée en Swing. Ce type de client est appelé client lourd, en raison de la quantité importante de code qu'il met en œuvre.

Un client Java EE peut également être conçu pour être utilisé à partir du Web. Ce type de client fonctionne à l'intérieur d'un navigateur Web. La plus grande partie du travail est reportée sur le serveur et le client ne comporte que très peu de code. Pour cette raison, on parle de client léger. Un client léger peut être une simple interface HTML, une page contenant des scripts JavaScript, ou encore une applet Java si une interface un peu plus riche est nécessaire.

Diagramme de déploiement standard d'une application JEE :

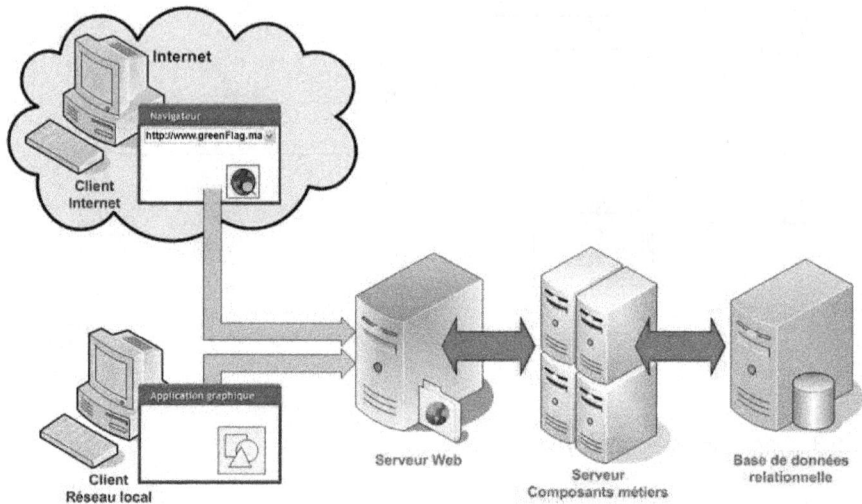

Diagramme de déploiement de notre application web JEE :

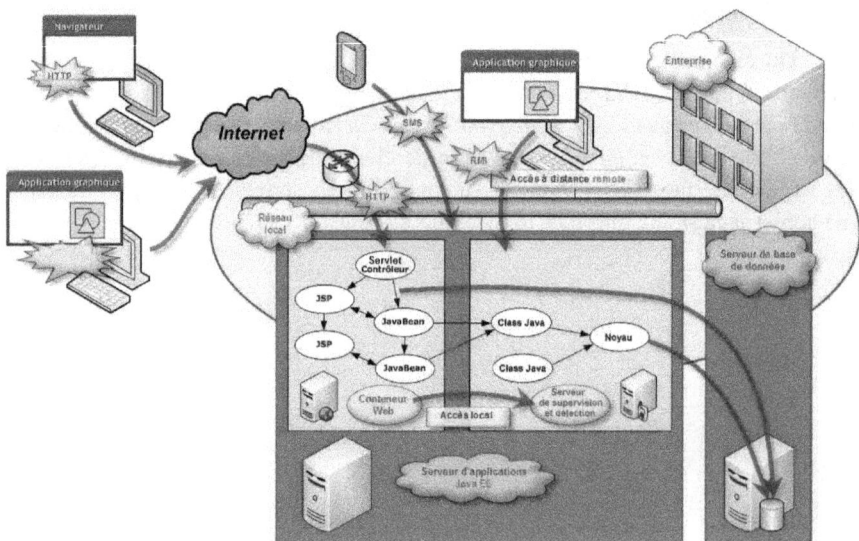

Diagramme de déploiement du système de détection de versions logicielles piratées :

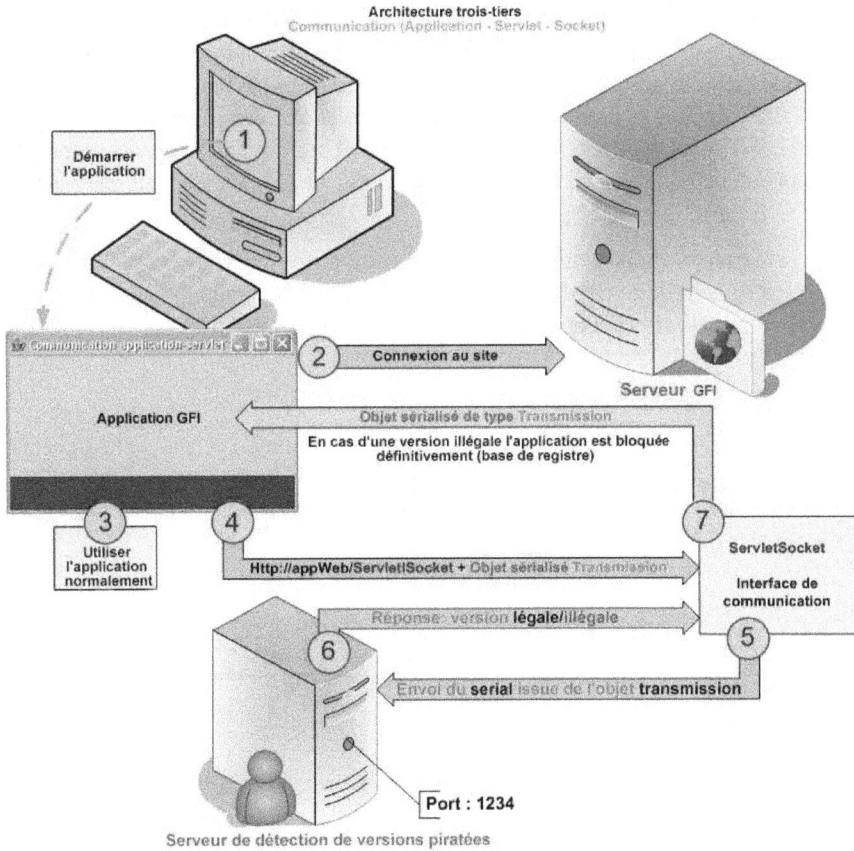

**Architecture trois-tiers**
Communication (Application - Servlet - Socket)

Démarrer l'application

① 

② Connexion au site

Serveur GFI

**Communication application-servlet**

**Application GFI**

Objet sérialisé de type Transmission

En cas d'une version illégale l'application est bloquée définitivement (base de registre)

③ Utiliser l'application normalement

④ Http://appWeb/ServletISocket + Objet sérialisé Transmission

⑦ **ServletSocket**

Interface de communication

Réponse: version **légale**/illégale

⑥

⑤

Envoi du **serial** issue de l'objet **transmission**

Port : 1234

Serveur de détection de versions piratées

27

## 2.6 L'ENVIRONNEMENT DE DEVELOPPEMENT

### 2.6.1 Eclipse europa

Eclipse Europa (ex Callisto) est une version de l'IDE d'IBM auquel ont été ajoutés plus de 21 projets pour un total de plus de 500 plugins, allant de l'édition de fichier xml à la gestion de serveurs d'applications en passant par la création de JSP, d'EJB, de JSF et bien d'autres. Nous avons choisi cette distribution car son projet Web Tools (WTP) permet de gérer à l'intérieur de l'IDE toutes les étapes du développement, notamment tout ce qui concerne la publication automatique du projet web sur le serveur d'application.

Nous avons choisi cette distribution car son projet Web Tools (WTP) permet de gérer à l'intérieur de l'IDE toutes les étapes du développement, notamment tout ce qui concerne la publication automatique du projet web sur le serveur d'application.

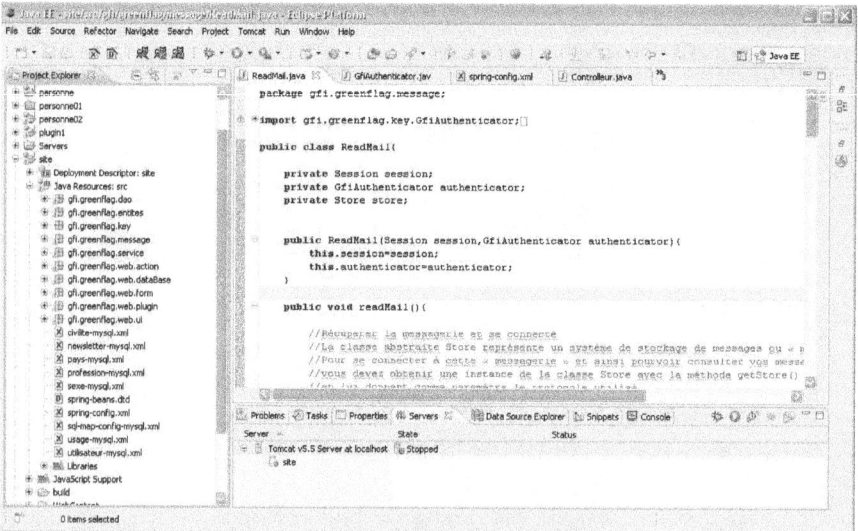

28

## 2.6.2 Apache tomcat

Tomcat est un conteneur de Servlet JEE issu du projet Jakarta, Tomcat et est désormais un projet principal de la fondation Apache. C'est un conteneur de Servlet JEE qui implémente la spécification des Servlets et des JSP de Sun Microsystems. Tomcat est en fait chargé de compiler les pages JSP avec Jasper pour en faire des Servlets (une servlet étant une application Java qui permet de générer dynamiquement des données au sein d'un serveur http). Généralement, ces données sont présentées sous forme de page HTML coté client.

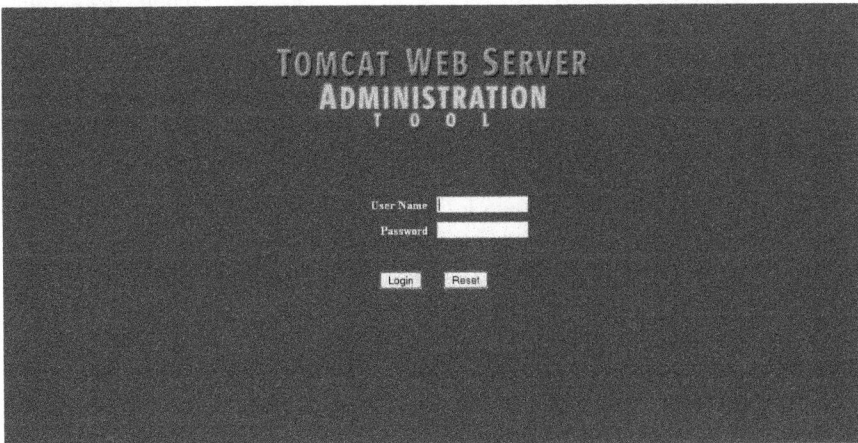

Apache Tomcat/5.5.27

The **Apache Software Foundation**
h t t p : / / w w w . a p a c h e . o r g /

**Administration**
Status
Tomcat Administration
Tomcat Manager

**Documentation**
Release Notes
Change Log
Tomcat Documentation

**Tomcat Online**
Home Page
FAQ
Bug Database
Open Bugs
Users Mailing List
Developers Mailing List
IRC

If you're seeing this page via a web browser, it means you've setup Tomcat successfully. Congratulations!

As you may have guessed by now, this is the default Tomcat home page. It can be found on the local filesystem at:

`$CATALINA_HOME/webapps/ROOT/index.jsp`

where "$CATALINA_HOME" is the root of the Tomcat installation directory. If you're seeing this page, and you don't think you should be, then either you're either a user who has arrived at new installation of Tomcat, or you're an administrator who hasn't got his/her setup quite right. Providing the latter is the case, please refer to the Tomcat Documentation for more detailed setup and administration information than is found in the INSTALL file.

NOTE: This page is precompiled. If you change it, this page will not change since it was compiled into a servlet at build time. (See `$CATALINA_HOME/webapps/ROOT/WEB-INF/web.xml` as to how it was mapped.)

NOTE: For security reasons, using the administration webapp is restricted to users with role "admin". The manager webapp is restricted to users with role "manager". Users are defined in `$CATALINA_HOME/conf/tomcat-users.xml`.

Included with this release are a host of sample Servlets and JSPs (with associated source code), extensive documentation (including the Servlet 2.4 and JSP 2.0 API JavaDoc), and an introductory guide to developing web applications.

Tomcat mailing lists are available at the Tomcat project web site:

- users@tomcat.apache.org for general questions related to configuring and using Tomcat
- dev@tomcat.apache.org for developers working on Tomcat

29

### 2.7.1  Spring : Faciliter le développement et les tests

Le framework Spring est un conteneur dit «léger», c'est-à-dire une infrastructure similaire à un serveur d'application JEE. Il prend donc en charge la création d'objets et la mise en relation d'objets par l'intermédiaire d'un fichier de configuration qui décrit les objets à fabriquer et les relations de dépendances entre ces objets (IoC – Inversion of Control). Le gros avantage par rapport aux serveurs d'application est qu'avec SPRING, les classes n'ont pas besoin d'implémenter une quelconque interface pour être prises en charge par le framework. C'est en ce sens que SPRING est qualifié de conteneur « léger ». L'idée du pattern IoC est très simple, elle consiste, lorsqu'un objet A à besoin d'un objet B, à déléguer à un objet C la mise en relation de A avec B.

### 2.7.2  Struts : Mettre en place le MVC

Apache Struts est un framework libre pour développer des applications web J2EE. Il utilise et étend l'API Servlet Java afin d'encourager les développeurs à adopter l'architecture Modèle-Vue- Contrôleur. Struts permet la structuration d'une application Java sous forme d'un ensemble d'actions représentant des événements déclenchés par les utilisateurs de l'application. Ces actions sont décrites dans un fichier de configuration de type XML décrivant les cheminements possibles entre les différentes actions. En plus de cela, Struts permet d'automatiser la gestion de certains aspects comme par exemple la validation des données entrées par les utilisateurs via l'interface de l'application. Ainsi, il n'est plus besoin de venir coder le contrôle de chaque donnée fournie par un utilisateur, il suffit de décrire les vérifications à effectuer dans un fichier XML dédié à cette tâche.

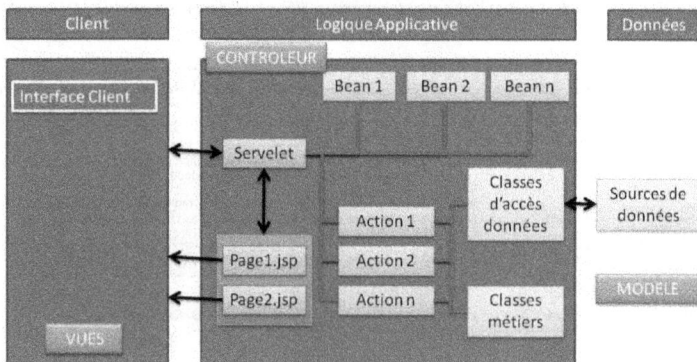

Le contrôleur est le coeur de l'application. Toutes les demandes du client transitent par lui. C'est une servlet générique fournie par STRUTS. Cette servlet générique prend les informations dont elle a besoin dans un fichier le plus souvent appelé struts-config.xml. Si la requête du client contient des paramètres de formulaire, ceux-ci sont mis par le contrôleur dans un objet javaBean héritant de la classe ActionForm. Dans le fichier de configuration struts-config.xml, à chaque URL devant être traitée par programme on associe certaines informations :

Le nom de la classe étendant Action chargée de traiter la requête.

Si l'URL demandée est paramétrée (cas de l'envoi d'un formulaire au contrôleur), le nom du bean chargé de mémoriser les informations du formulaire est indiqué.

Muni de ces informations fournies par son fichier de configuration, à la réception d'une demande d'URL par un client, le contrôleur est capable de déterminer s'il y a un bean à créer et lequel. Une fois instancié, le bean peut vérifier que les données qu'il a stockées et qui proviennent du formulaire, sont valides ou non. Pour cela, une méthode du bean appelée *validate* est appelée automatiquement (si le développeur le souhaite et la définie) par le contrôleur et renvoie éventuellement une liste des erreurs. Dans ce cas-là, le contrôleur n'ira pas plus loin et passera la main à une vue déterminée dans son fichier de configuration pour informer l'utilisateur des erreurs qu'il a commis lors de la saisie de son formulaire.

Si les données du bean sont correctes, ou s'il n'y a pas de vérification ou s'il n'y a pas de bean, le contrôleur passe la main à l'objet de type Action associé à l'URL. Il le fait en demandant l'exécution de la méthode *execute* de cet objet à laquelle il transmet la référence du bean qu'il a éventuellement construit. C'est ici que le développeur fait ce qu'il a à faire : il devra éventuellement faire appel à des classes métier ou à des classes d'accès aux données. A la fin du traitement, l'objet Action rend au contrôleur le nom de la vue qu'il doit envoyer en réponse au client. Le contrôleur envoie cette réponse. L'échange avec le client est terminé.

### 2.7.3  Ibatis : La persistance des objets

#### 2.7.3.1 Pourquoi Ibatis ?

IBATIS est un framework open source gérant la persistance des objets en base de données relationnelle. La manipulation de SQL dans le langage de programmation JAVA est rendue possible par l'utilisation du JDBC. Puisque, chaque requête est effectuée sur le modèle logique de la base de données, cette approche présente l'inconvénient de lier très fortement le code de l'application au schéma de la base de données. En conséquence, toute évolution apportée au modèle logique doit être répercutée sur le code de l'application. L'outil Hibernate propose une solution à ce problème. Celle-ci consiste à définir, dans des fichiers de configurations, le lien entre le diagramme de classes de l'application qui exploite une base de données et le modèle logique de cette base de données. Il permet ensuite de manipuler les données de la base de données sans faire la moindre référence au schéma de la base de données en utilisant l'API fournie par cet outil grâce au lien établi dans les fichiers de configuration.

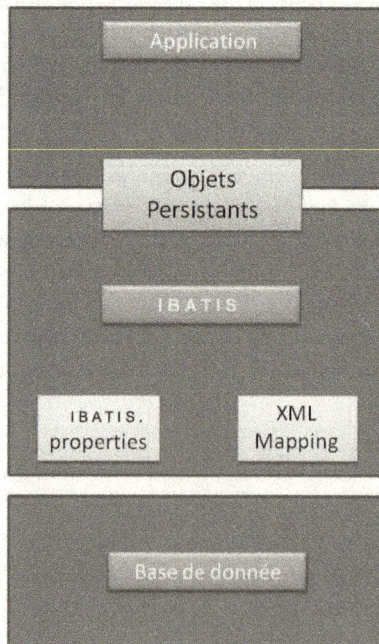

### 2.7.3.2 Configuration d'ibatis

Ibatis est conçu pour pouvoir être utilise dans différents types d'architectures d'application. Pour cela , chaque application doit indiquer à Ibatis comment celui-ci peut accéder et manipuler la source de données.

Les principaux éléments à paramétrer sont les suivantes :

- Le SGDB utilisé. Chaque SGBD propose une implémentation du langage SQL qui diffère souvent de la norme SQL. Ibatis doit connaitre le type de SQL qu'il doit générer.
- La Connexion à la base de données. Si la connexion à la base de données se fait en utilisant JDBC, il faut indiquer à Ibatis , le driver JDBC , l'url de connexion ainsi qu'un nom d'utilisateur et un mot de passe permettant de se connecter à la base de données. Les connexions peuvent également être gérées par un serveur d'application. Dans ce cas, il faut indiquer à Ibatis comment il peut accéder aux connexions créées par ce serveur (Annuaire JNDI).
- Les Services tiers. Ibatis a besoin de gérer un e nsemble (pool) de connexions à la base de données et un cache de données. Pour cela , Ibatis propose une implémentation rudimentaire de ces services mais peut aussi utiliser des services tiers plus performants.

Pour résumer, le paramétrage d'Ibatis nécessite :

1. La définition du modèle de classes exploitant la base de données ;
2. Une correspondance (mapping) entre le modèle de classes et la base de données ;
3. Une configuration au niveau système de l'accès.

### 2.7.3.3 Utilisation d'ibatis

L'utilisation d'Ibatis se fait principalement au travers de la classe SqlMapClientDaoSupport qu'il fournit. Un objet SqlMapClientDaoSupport offre les fonctionnalités suivantes :

- Elle encapsule la partie générique de l'utilisation du framework Ibatis,des parties de code qu'on retrouve dans toutes les couches dao utilisant l'outil Ibatis.
- Elle permet aussi de configurer le client Ibatis avec lequel on va exploiter la base de données.

33

- Modification d'un objet persistant. Il suffit pour cela de modifier la valeur des propriétés d'un objet puis d'appeler la méthode appropriée.
- Suppression d'un objet persistant. L'appel de la méthode appropriée avec en paramètre un objet persistant se charge d'effectuer la suppression dans la base de données.
- Rechercher des objets. Ibatis propose un langage de requête orienté objets nommé HQL dont la syntaxe est similaire au SQL et qui permet d'effectuer des requêtes sur le modèle objet.

## 2.8 APPLICATION WEB JEE

### 2.8.1 Architecture trois-tiers et mise en place du modèle MVC

Une application web possède souvent une architecture trois-tier :

- La couche dao s'occupe de l'accès aux données, le plus souvent des données persistantes au sein d'un SGBD.
- La couche métier implémente les algorithmes " métier " de l'application. Cette couche est indépendante de toute forme d'interface avec l'utilisateur. Ainsi elle doit être utilisable aussi bien avec une interface console, une interface web, une interface de client riche. Elle doit ainsi pouvoir être testée en-dehors de l'interface web et notamment avec une interface console. C'est généralement la couche la plus stable de l'architecture. Elle ne change pas si on change l'interface utilisateur ou la façon d'accéder aux données nécessaires au fonctionnement de l'application.
- La couche interface utilisateur qui est l'interface (graphique souvent) qui permet à l'utilisateur de piloter l'application et d'en recevoir des informations.
- Les couches métier et dao sont normalement utilisées via des interfaces Java. Ainsi la couche métier ne connaît de la couche dao que son ou ses interfaces et ne connaît pas les classes les implémentant. C'est ce qui assure l'indépendance des couches entre-elles : changer l'implémentation de la couche dao n'a aucune incidence sur la couche métier tant qu'on ne touche pas à la définition de l'interface de la couche dao. Il en est de même entre les couches interface utilisateur et métier.

34

L'architecture MVC prend place dans la couche interface utilisateur lorsque celle-ci est une interface web.

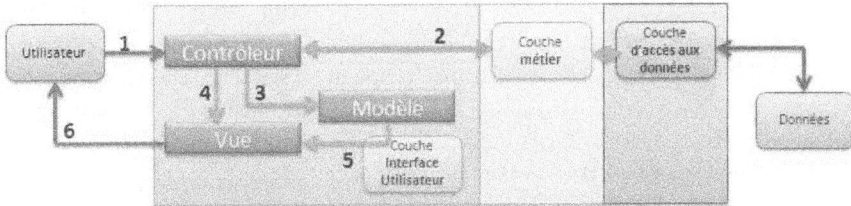

Utilisateur 1 Contrôleur 2 Couche métier Couche d'accès aux données
4 3 Modèle Données
6 Vue 5 Couche Interface Utilisateur

Le traitement d'une demande d'un client se déroule selon les étapes suivantes :

1. Le client fait une demande au contrôleur. Celui-ci voit passer toutes les demandes des clients. C'est la porte d'entrée de l'application. C'est le C de MVC.

2. Le contrôleur C traite cette demande. Pour ce faire, il peut avoir besoin de l'aide de la couche métier. Une fois la demande du client traitée, celle-ci peut appeler diverses réponses. Un exemple classique est :
   o Une page d'erreurs si la demande n'a pu être traitée correctement
   o Une page de confirmation sinon

3. Le contrôleur choisit la réponse (une vue) à envoyer au client. Choisir la réponse à envoyer au client nécessite plusieurs étapes:
   o Choisir l'objet qui va générer la réponse. C'est ce qu'on appelle la vue V, le V de MVC. Ce choix dépend en général du résultat de l'exécution de l'action demandée par l'utilisateur.
   o Lui fournir les données dont il a besoin pour générer cette réponse. En effet, celle-ci contient le plus souvent des informations calculées par le contrôleur. Ces informations forment ce qu'on appelle le modèle M de la vue, le M de MVC. L'étape 3 consiste donc en le choix d'une vue V et en la construction du modèle M nécessaire à celle-ci.

4. Le contrôleur C demande à la vue choisie de s'afficher. Il s'agit le plus souvent de faire exécuter une méthode particulière de la vue V chargée de générer la réponse au client.

5. Le générateur de vue V utilise le modèle M préparé par le contrôleur C pour initialiser les parties dynamiques de la réponse qu'il doit envoyer au client.

6. La réponse est envoyée au client. La forme exacte de celle-ci dépend du générateur de vue. Ce peut être un flux HTML, PDF, Excel...

### 2.8.2 Configuration de l'application

Chacun des frameworks que nous avons utilisés nécessite sa propre configuration, en plus de celle requise par le moteur de servlet. Généralement, cette configuration se fait via l'utilisation de fichiers XML, bien qu'il soit également possible d'utiliser d'autres types de fichiers ou de l'effectuer par programmation. C'est néanmoins la première solution que nous avons retenu.

Globalement, l'architecture d'un projet web Java EE dans eclipse est la suivante :

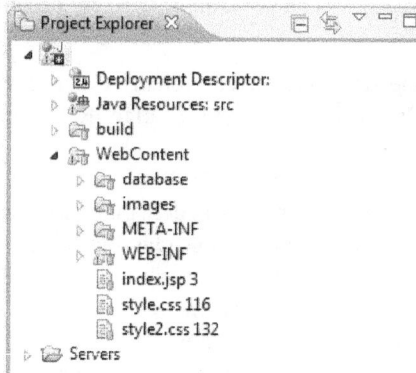

On trouve d'abord le répertoire *src*, qui contient les packages et les sources java de l'application ainsi que certains fichiers de configuration, dont ceux du framework Ibatis de spring (spring-config.xml) et struts (struts-config.xml) Ensuite, on a le répertoire *build*, qui correspond à la version compilée du répertoire *src* . En JEE, quand une page est demandée par l'utilisateur, le moteur de servlet regarde la version compilée de la servlet qu'il possède pour cette page et détermine s'il a besoin ou non de recompiler une version plus récente de la source correspondant. C'est dans ce répertoire *build* que vont toutes ces classes une fois compilées, ainsi que les copies des fichiers de configuration présente dans le répertoire *src*. Le répertoire WebContent contient quant à lui toutes les données relatives à une application web classique, c'est-à-dire que c'est ici que l'on va retrouver notamment les images, les feuilles de style, les jsp , etc...

36

On trouve également dans le répertoire WEB-INF , plusieurs éléments importants :

- Un répertoire *classes*, qui correspond au répertoire *build* précédent.
- Un répertoire lib, qui contient tous les jar nécessaires à l'exécution de l'application. Dans notre cas, entre les frameworks que nous utilisions et leur dépendances, le nombre d'archives s'élève à plus de 40, pour une taille de 10Mo.
- Le fichier de configuration de Struts (*struts-config.xml*)
- Le fichier de configuration de l'application, nécessaire pour le fonctionnement du moteur de servlet (*web.xml*)

En fait, le répertoire WebContent représente, comme son nom l'indique, le contenu complet nécessaire pour faire tourner le site web sur un serveur d'application. On se rend plus facilement compte de cela si l'on exporte notre projet dans un fichier WAR (pour Web Archive) afin de le mettre en production sur notre serveur Tomcat ou sur un autre serveur compatible J2EE, tels que Glassfish, le serveur utilisé par Sun, ou d'autres tels que JBoss, Jonas ou autres. Cette archive ne comporte dès lors plus que le contenu du répertoire *WebContent*, le répertoire *classes* contenant toutes la partie applicative écrite en java.

### 2.8.3 Les contrôleurs

Notre contrôleur est le point d'entrée dans notre application. C'est un des premiers modules que j'ai développé car il a été nécessaire dès le début de trouver une méthode unifiée pour dispatcher les requêtes (les pages demandées) des utilisateurs vers les servlets traitant ces demandes.

Dans le but de me familiariser avec l'architecture et pour appréhender son fonctionnement, j'ai décidé de coder mon propre moteur. Comme dans les frameworks récents, j'ai développé une servlet (architecture de type MVC-2) qui réceptionne toutes les requêtes et qui, suivant l'Uri demandée, transmet la vue à une classe qui s'occupe de lui renvoyer la jsp correspondante.

J'ai choisi de gérer tout le paramétrage dans un fichier xml nommé *config-servlet.xml* dont le contenu est de la forme suivante :

```
<delegate
    id="main"
    uri="/main"
    jsp="/WEB-INF/vues/main.jsp"
    spring-id="delegate-main"
    default="true" />
```

Ainsi, chaque page peut posséder son élément « *delegate* » qui permet, grâce à Spring, de charger automatiquement le générateur de vue approprié pour retourner la page au client. Ce système permet également d'utiliser le même générateur de vue pour plusieurs pages.

Ensuite, dans le fichier spring-config-servlet.xml, on trouve la correspondance entre l'identifiant passé dans l'élément « delegate » précédent et la classe à faire instancier à Spring.

```
<bean id=" delegate-main"
       class="gfi.greenflag.controleur.delegate.DelegateMain"/>
```

Cette classe est l'implémentation d'une interface (IDelegate) possédant une méthode « process » appelée par notre contrôleur pour générer la vue à renvoyer à l'utilisateur.

```
void process( HttpServletRequest request,
              HttpServletResponse response,
              ServletContext context,
              ServletConfig config,
              String jsp)
     throws AccesNonAuthoriseException,
              ServletConfigInitialisationException;
```

L'intérêt de notre contrôleur est qu'il permet au générateur de vue de lancer des exceptions correspondant à la logique métier de notre application. Ainsi, une page nécessitant que l'utilisateur soit identifié va lancer une exception de type AccesNonAuthoriseException pour signifier que l'utilisateur n'a pas le droit d'accéder à cette page. Le contrôleur se chargera alors de transmettre le traitement à la delegate appropriée pour ce genre de cas, ce qui au final, enrichie notre contrôleur de nombreuses possibilités d'extensions.

Nous avons également utilisé le contrôleur de servlet de Struts pour gérer tous les formulaires présent dans notre application. Pour ce faire, pour chaque formulaire, nous définissions dans le fichier struts-config.xml les paramètres suivant :

```
<form-beans>
     <form-bean
          name="formInscription"
          type="gfi.greenflag.formulaire.bean.InscriptionBean" />
<form-beans>

...

<action
     name="formInscription"
     path="/inscription"
     scope="request"
     type="gfi.greenflag.formulaire.action.InscriptionAction"
     validate="true"
     input="/WEB-INF/vues/inscription.jsp"
     parameter="/WEB-INF/vues/main.jsp">
         <forward name="success" path="/WEB-INF/vues/main.jsp"/>
</action>
```

Tout d'abord, on définit le « form-bean ». L'attribut « name » donne le nom du bean et « type » le bean étendant *ActionForm* contenant les membres correspondant aux éléments du formulaire.

Ensuite, on définit l'action à appliquer une fois le formulaire validé. On retrouve le paramètre « name » précédent, pour faire la correspondance entre *l'ActionForm* (le bean contenant les données du formulaire) et la classe *Action* (la classe contenant les actions à effectuer une fois le bean correctement rempli). Viennent ensuite l'uri à laquelle on trouve le formulaire (attribut « path »), la portée dans laquelle sont transmises les données entre le formulaire et *l'ActionForm* (attribut « scope », pouvant prendre les valeurs de « application », « session », ou « request »), la classe Action (propriété « type »), la demande de valider ou non les données du formulaire en appelant la fonction validate ,la page vers laquelle rediriger l'utilisateur en cas d'erreur dans la valorisation de l'ActionForm (attribut « input ») et enfin un ou plusieurs forwards permettant de déterminer quelle va être la page jsp à afficher.

Ainsi, pour le bean InscriptionBean le formulaire correspondant est le suivant :

```
public class InscriptionBean extends ActionForm{

        private String civilite;
        private String nom;
        private String prenom;
    ...

        public String getCivilite(){
            return this.civilite;
        }
    ...
```

```
<html:form action="/inscription" >
    <html:select property="civilite">
        <html:option value="Monsieur"></html:option>
        <html:option value="Madame"></html:option>
        <html:option value="Madamoiselle"></html:option>
    </html:select><br/>

    <html:text property="nom" maxlength="20"/><br/>
    <html:text property="prenom" maxlength="20"/><br/>
    <html:submit value="Soumettre" >
    <html:reset value="Reset" >
</html:form>
```

Il est intéressant de noter que dans la jsp, il est obligatoire d'utiliser les balises de la taglib html de Struts et non pas les éléments html classiques (input[text] input[submit], select, etc…) afin que le contrôleur de Struts puisse correctement récupérer les valeurs des champs afin de valoriser les membres correspondant dans *l'ActionForm*.

Une fois validées par le client, les données sont transmises à l'ActionForm qui, avant de rendre la main à la classe Action, va tenter de vérifier si elles sont bien valides. Dans le cas contraire, la fonction *validate* retourne un objet de type *ActionErrors* contenant la liste des erreurs et redirige vers la jsp spécifiée par l'attribut input dans son fichier de configuration. Ce mécanisme est très puissant et très simple à utiliser car le framework Struts propose dans sa taglib html un tag nommé « html:errors » qu'il suffit d'appeler pour afficher la liste des erreurs.

On l'utilise simplement comme suit :

```
<div id="inscriptionErreurs">
    <html:errors  />
</div>
```

En réalité, en appelant ce tag, le contrôleur de Struts va analyser le contenu de l'objet *ActionErrors* et pour chaque erreur désignée par un *ActionMessage*, va aller chercher le code html à afficher correspondant dans le fichier /classes/erreur.properties.

```
errors.header=<h1>Erreurs</h1><ul>
errors.footer=</ul>
inscription.nom.vide=<li>Veuillez renseigner votre nom</li>
inscription.nom.long=<li>Le nom ne doit pas excéder 20 caractères</li>
inscription.prenom.vide=<li>Veuillez renseigner votre prénom</li>
inscription.prenom.long=<li>Le prénom ne doit pas excéder 20
caractères</li>
```

Ainsi, une erreur dans la saisie générera automatiquement le code html suivant :

```
<div id="inscriptionErreurs">
    <h1>Erreurs</h1>
    <ul>
        <li>Veuillez renseigner votre nom</li>
    </ul>
</div>
```

De plus, la classe *ActionForm* possède une deuxième méthode intéressante, la méthode *reset*. Cette méthode est appelée à chaque fois avant que le formulaire ne soit affiché dans la page web, d'où son utilisation pour pré-remplir les champs. La méthode reset est également appelée lorsque l'utilisateur clique sur un bouton de type input reset.

### 2.8.4  La couche Web
La couche web est composée de tout le coté html de l'application, c'est-à-dire les Jsp, les feuilles de style css, le javascript, ainsi que des contrôles nécessaires à charger le modèle de chaque page à afficher.

### *2.8.4.1 JSTL*
Le but de la JSTL est de simplifier le travail des auteurs de page JSP, c'est à dire la personne responsable de la couche présentation d'une application web J2EE. En effet, un web designer peut avoir des problèmes pour la conception de pages JSP du fait qu'il est confronté à un langage de script complexe qu'il ne maîtrise pas forcément.

41

La JSTL permet de développer des pages JSP en utilisant des balises XML, donc avec une syntaxe proche des langages utilisés par les web designers, et leur permet donc de concevoir des pages dynamiques complexes sans connaissances du langage Java.

Sun a donc proposé une spécification pour une librairie de tags standards : la Java Standard Tag Library (JSTL). C'est à dire qu'il spécifie les bases de cette librairie, mais qu'il laisse l'implémentation libre (de la même manière que pour les serveurs J2EE qui sont des implémentations de la spécification JEE).

La JSTL se base sur l'utilisation des Expressions Languages (EL) en remplacement des scriptlets Java. L'exemple suivant tiré de la page de Produits permet de se rendre compte de la puissance des Expressions Languages :

```
<c:forEach var="item" varStatus="iter" items="${produit.item.contenu}
    ...
    <td>${item.logiciel.stockage.taille}Go
    (${item.logiciel.stockage.rotation}tr/min)
    </td>
    ...
</c:forEach>
```

Tout d'abord, on remarque qu'une EL commence par un « $ » et que le contenu de l'expression doit se trouver à l'intérieur d'accolades. La page JSP va chercher un attribut s'appelant "item" successivement et dans l'ordre dans :

- L'objet « request » qui représente la requête transmise par le contrôleur : *request.getAttribute("item")* ;
- L'objet « session » qui représente la session du client : *session.getAttribute("item")* ;
- L'objet « application » qui représente le contexte de l'application web : *application.getAttribute("item")* ;

Puisque l'expression fait référence à un attribut composé, JSTL va chercher un membre de l'objet « item » qui s'appellerait « logiciel » (un membre public, ou accessible par un getter), puis va faire de même en cherchant un « membre » stockage du type de l'objet « logiciel », puis de même avec « taille ». Une fois l'objet d'extrémité trouvé, la JSP l'affiche en utilisant la méthode « toString » de cet objet. Ainsi, on aura parcouru toute l'arborescence de l'objet très simplement, sans surcharge de code.

42

Dans le code précédent, on peut également observer l'utilisation d'un tag *<c :forEach>*.Ce tag fait partie d'une des quatre taglibs que propose JSTL, la taglib « Core » (les trois autres étant Format, XML, SQL), et propose de nombreuses actions de base tels que l'affichage de variables, la création ou la modification de variables de scope, la gestion d'exceptions, etc …

Une taglib intéressante que j'ai également testée est la taglib Format (*fmt*) qui permet de simplifier la localisation et le formatage des données.

La première utilisation que j'ai faite concerne la gestion des dates, dans notre module de télécharge- -ment. En effet, les dates étant enregistrées dans notre base de données de façon non formatée, il me faut les traiter avant leur affichage. Pour cela, la taglib Format propose deux tags :

```
<fmt:parseDate value="${news.date}" pattern="yyyy-MM-dd" var="date"/>

<fmt:formatDate value="${date}" dateStyle="full"/>
```

Le premier permet de construire le modèle d'affichage de la date, en utilisant un pattern personnalisé. Il prend en paramètre la date à parser, le pattern à suivre, et le nom de la variable dans laquelle il placera le résultat.

Le tag « formatDate » n'as plus alors qu'à afficher le résultat contenu dans la variable « date », mais la principale utilité de cette taglib réside dans sa faculté d'internationaliser une application, c'est-à-dire d'afficher indifféremment tous les messages contenus sur un site dans différentes langues.

La JSTL utilise les classes standards de Java pour la gestion de l'internationalisation. Ainsi la classe java.util.Locale permet de représenter les spécificités régionales, ainsi que la classe java.util.ResourceBundle pour accéder aux données des fichiers de localisation.

Un ResourceBundle permet de gérer un ensemble de fichier *.properties contenant les ressources localisées. Par exemple pour gérer les langues françaises et anglaises, nous avons les fichiers suivants:

✓ messages_fr_FR.properties
✓ messages_en_US.properties
✓ Les fichiers *.properties comportent un ensemble de couples clef/valeur contenant l'ensemble des messages possibles à afficher. On accède aux

43

données localisées grâce aux différentes clefs. Par exemple, le fichier « messages_fr_FR.properties » contient :

```
error.login=le nom d'utilisateur ne peut etre vide
quantite=Quantite
prixTTC=Prix TTC
```

Alors que le fichier « message_en_US.properties » contient pour sa part :

```
error.login=user name must not empty
quantite=Quantity
prixTTC=IAT Price
```

Dès lors, l'utilisation est très simple puisqu'il suffit de choisir à un moment quelle est la langue à utiliser et de placer cette locale dans un objet de la session :

```
String langue = request.getParameter("langue");
if (langue != null){
    if (langue.equals("FR"))
        request.getSession().setAttribute("langue","fr_FR");
    if (langue.equals("EN"))
        request.getSession().setAttribute("langue","en_US");
}
```

Puis de rajouter dans les jsp concernées les deux lignes suivantes:

```
<fmt:setLocale value="${sessionScope.langue}"/>
<fmt:setBundle basename="messages" var="maLocale" scope="session"/>
```

Le tag « setLocale » permet d'aller chercher dans le scope session la variable représentant la langue à utiliser, celle que nous lui avons donné précédemment, et le tag setBundle spécifie le nom du fichier de base contenant les messages (on ajoute « basename »+ « locale » pour construire « messages_fr_FR.properties »).

Il ne suffit plus alors qu'à accéder à nos messages en utilisant le tag « message » en spécifiant la clé voulue.

```
<fmt:message bundle="${maLocale}" key="error.login"/>
```

## 2.8.5 La couche service

### 2.8.5.1 Synchronisation

La couche service est une couche clé de l'application puisque c'est par elle que transitent les informations entre la couche contrôleur et la couche d'accès aux données (dao). Son existence provient d'un constat simple : il est nécessaire de protéger la couche dao de possibles accès concurrentiels sur la base de données.

Considérons la situation suivante. Imaginons que nous possédions dans notre module de produits une partie administration qui permettrait d'éditer le contenu d'un produit , ou de le supprimer complètement. Imaginons maintenant que nous avons deux administrateurs qui tentent de modifier le même produit en même temps. On sent bien qu'il peut arriver un problème entre le moment où la première personne commence l'exécution de la fonction d'édition et le moment ou l'exécution se termine. Si le produit a été supprimée par le deuxième administrateur entre temps, le programme va tenter de modifier un objet qui n'existe plus. Pour résoudre ce problème, on a besoin de synchroniser l'accès aux méthodes de la couche dao afin de s'assurer qu'un seul thread les exécute à la fois. Pour cela, les classes du package dao ne sont instanciées qu'un un seul exemplaire. C'est ce que l'on appelle des « singletons ». Ces singletons sont répartis sur plusieurs classes, chacune d'entre elle gérant une seule table en base de données, ce qui rend possible un tel découpage, puisque pendant le déroulement normal de l'application, il existe de nombreux threads lancés en même temps et potentiellement concurrents, il faut trouver un moment où il n'y a qu'un seul thread de lancer pour instancier nos objets dao. Cet instant à lieu pendant la phase d'initialisation de la servlet, lors de l'appel à la méthode *init,* chacune de nos classes dao est alors instanciée une seule fois et la référence ainsi créée est stockée en mémoire dans un objet accessible depuis le « scope application ».

```
/* met la couche service dans le scope de l'application */
getServletContext().setAttribute("Service" , Service);
```

Nous mettons ainsi nos objets de la couche service dont les méthodes synchronisées permettent d'accéder à la couche dao.

```
public class ServiceImpl implements IService{

    private IDao dao;

    public ServiceImpl(){}

    public synchronized void ajouterCompte(Compte compte){
            dao.ajouterCompte(compte);
    }
    ...

}
```

### 2.8.5.2 Le framework Spring

Lorsque nous ajoutons la couche service dans le contexte de l'application, ce sont toujours des objets implémentant une interface contenant le prototype des méthodes proposées. Considérons la classe *ServiceImpl* en la modifiant comme suit :

```
public ServiceImpl(){
        dao = new DaoImpl();
}
```

Si nous avions écrit ceci, notre classe *ServiceImpl* aurait été dépendante de la classe *DaoImpl* puisque pour utiliser une autre classe implémentant l'interface *IDao*, nous aurions du modifier l'objet à la main et recompiler la classe. P our remédier à ce problème , nous avons choisi d'utiliser le framework Spring notamment pour ses fonctions *d'Inversion of Control* (Injection de Dépendance en français).

Spring IoC nous permet de créer une application 3tier où les couches sont indépendantes des autres, c'est à dire que changer l'une ne nécessite pas de changer les autres. Cela apporte une grande souplesse dans l'évolution de l'application.

Avec Spring IoC, la classe *ServiceImpl* va obtenir la référence dont il a besoin sur la couche dao de la façon suivante :

1. Dès que besoin, nous demandons à Spring IoC de nous donner une référence vers un objet implémentant l'interface *IService*.

2. Spring va alors exploiter un fichier XML de configuration qui lui indique quelle classe doit être instanciée et comment elle doit être initialisée.
3. Spring IoC nous rends alors la référence de la couche ainsi créée.

L'avantage de cette solution est que désormais le nom des classes instanciant les différentes couches n'est plus codé en dur mais simplement présent dans un fichier de configuration. Changer l'implémentation d'une couche induira un changement dans ce fichier de configuration mais pas dans les classes appelantes.

L'instanciation des beans lors de l'initialisation se fait dès lors de la façon suivante :

```
/*XmlBeanFactory permet d'instancier les beans définis dans un fichier XML

        Service service=(IService)new XmlBeanFactory(
                    new ClassPathResource("spring-config.xml"))
                            .getBean("service"));
```

La configuration de Spring s'effectue dans le fichier spring-config.xml de la façon suivante :

```
<bean id= "dao"
        class="gfi.greenflag.dao.DaoImpl"
        init-method="init"
        destroy-method="close"/>

    <bean id= "service"
        class="gfi.greenflag.service.ServiceImpl" >
            <property name="dao">
                <ref local="dao"/>
            </property>
    </bean>
```

### 2.8.6 La couche d'accès aux données (DAO)

#### 2.8.6.1 La persistance des objets (ORM)

Pour faire court, la notion d'ORM est le fait d'automatiser la persistance des objets java dans les tables d'une base de données relationnelle, ainsi que son contraire, récupérer les données des tables directement dans des objets java. Pour implémenter ce concept, un framework doit être composé des quatre éléments suivants :

- ✓ Une api pour effectuer les opérations CRUD (Create, Retrieve, Update, Delete) de base sur les objets des classes persistantes ;
- ✓ Un langage pour créer des requêtes qui se réfèrent aux classes et à leurs propriétés ;
- ✓ Un moyen simple de spécifier les métadonnées pour le mapping.

#### 2.8.6.2 Ibatis

Parmi de nombreuses solutions répondant à cette attente (EJB, Hibernate, JDO, Cayenne, Castor, etc..), j'ai choisi d'utiliser le framework Ibatis car c'est à l'heure actuelle le framework le plus puissant, le plus complet, et surtout le plus utilisé dans le monde professionnel. Néanmoins, son utilisation est assez complexe malgré le grand nombre de documentations disponibles sur internet. Dans notre cas, nous nous sommes contentés d'utiliser les fonctions de bases nécessaires pour la persistance de nos données, sans nous préoccuper de toute la problématique concernant les performances. Tout d'abord, avant d'utiliser Ibatis, il est nécessaire de modéliser les données que l'on va vouloir stocker. Cette étape consiste à construire des objets java dont les membres seront porteurs des informations à stocker. Chaque membre doit posséder un getter et un setter.

```
public class Compte{

    private Integer id;
    private Date dateCreation;
    private Date dateActivation;
    private Civilite  civilite ;

    ...

    public Compte(){}

    /* getters, setters */
}
```

On peut noter en regardant cette simple entité qu'outre les types primitifs (ou les wrappers), il est également possible de mapper des types complexes (des objets de la classe *Civilite* ). La deuxième étape consiste à mapper nos entités dans les tables de la base de données. Pour cela, Ibatis utilise trois types de fichiers de configuration. 50 Le premier, *spring-config.xml*, regroupe les paramètres ayant trait à la base de données elle-même (son type, comment y accéder, etc...).

Ensuite, il faut ajouter tous les mappings des entités dont nous avons besoin grâce aux « balises mapping ressource ». En général, chaque objet persistant possède son fichier de mapping.

Sur un plan plus technique, j'ai découvert le monde du développement web dans un langage que je ne connaissais déjà. Néanmoins , la spécificité de JEE fait que j'ai du apprendre toutes les bases de cette nouvelle architecture ce qui nous a pris plus de temps que je ne l'escomptais . Finalement, une fois maitrisé, je me suis rendu compte de la puissance de l'outil et j'ai compris pourquoi, pour des sites de grosse audience nécessitant de fréquentes mises à jour et proposant des services complexes, le mode est aujourd'hui au JEE plutôt qu'a un langage comme PHP.

J'ai pu apprendre les bases des frameworks les plus couramment utilisés tels que Struts, Spring et Ibatis. Compte tenu de la complexité de ces APIs ,et du peu de temps dont je disposais Je n'ai pas pu pousser mon approche trop loin mais j'ai quand même eu le temps de juger de leur utilité.

Struts est aujourd'hui l'un des frameworks incontournables dans le monde JEE, comme peut l'être Hibernate (et dans une moindre mesure Spring) et son utilisation, relativement aisée, améliore grandement la facilité du développement. Le design pattern MVC avec un contrôleur unique et ses taglibs utilisées pour la gestion des formulaires en font un allié presque indispensable pour une application de grande envergure.

Hibernate quant à lui est beaucoup plus complexe à maitriser et nécessiterait un projet complet pour en maitriser toutes les facettes. Malgré cela, il nous est apparu comme étant une alternative extrêmement puissante au requêtage classique en SQL comme on le connait en PHP par exemple. Son efficacité est d'ailleurs reconnue à tel point que le framework a été porté en C# pour être utilisé dans l'environnement .NET (tout comme l'a été Spring IoC).

Avec un peu plus de temps, j'aurais également aimé tester des frameworks comme Tiles pour ajouter à mon application un système de template ou JSF, le futur standard proposant un modèle basé sur les composants graphiques et non plus sur le paradigme MVC.

# BIBLIOGRAPHIE

Thinking in Java
Bruce Eckel
Prentice Hall

Object-Oriented Design with UML and Java
Kenneth A. Barclay, John Savage
Elsevier, Butterworth-Heinemann

Eclipse 2 for Java Developers
Berthold Daum
Wiley

JSP Professionnel
Wrox Team
Eyrolles

Design Patterns
Catalogue de modèles de conceptions réutilisables
Erich Gamma, Richard Helm, Ralph Johnson, John Vlissides
Vuibert

Design patterns par la pratique
Technologies objet
Alan Shalloway , James R Trott
Eyrolles

51

**Sitographie :**

http://www.eclipse.org/
Site officiel de l'IDE open source du même nom.

http://ant.apache.org/
Documentation officielle d'Ant

http://www.apache.org/
Documentation officielle sur le serveur web

http://logging.apache.org/log4j/docs/
Documentation officielle du projet de gestion de logs du groupe Apache

http://jakarta.apache.org/tomcat/
Documentation officielle sur Tomcat

http://www.stardeveloper.com/
De nombreux articles sur les JSP et les Servlets

http://www.journaldunet.com/
Quelques articles introduisant les Servlets

http://webgi.fil.univ-lille1.fr/html/savoir_faire/dess_iagl/stages_0001/dhennin/
Introduction aux tags JSP

http://www-igm.univ-mlv.fr/~roussel/JAVA/TagLib.html
Introduction aux tags JSP

http://home.earthlink.net/~huston2/dp/patterns.html
Design Pattern par Vince Huston

http://www.mindspring.com/~mgrand/pattern_synopses.htm
Liste de design pattern

http://www.patterndepot.com/put/8/JavaPatterns.htm
Les patterns pour Java

www.ingramcontent.com/pod-product-compliance
Lightning Source LLC
Chambersburg PA
CBHW020317220326
41598CB00017BA/1589